Ann Jun

# 30 Minuten für erfolgreiches Mentoring

Bibliografische Information Der Deutschen Bibliothek

Die Deutsche Bibliothek verzeichnet diese Publikation in der Deutschen Nationalbibliografie; detaillierte bibliografische Daten sind im Internet über http://dnb.ddb.de abrufbar.

Umschlag und Layout: die imprimatur, Hainburg
Lektorat: Diethild Bansleben, Offenbach
Satz: Wegner-Repke Typographie & Design, Offenbach
Druck und Verarbeitung: Salzland Druck, Staßfurt
Foto Umschlag: Jens Migge, Hamburg


2. Auflage 2007



Hinweis:
Das Buch ist sorgfältig erarbeitet worden. Dennoch erfolgen alle Angaben ohne Gewähr. Weder Autor noch Verlag können für eventuelle Nachteile oder Schäden, die aus den im Buch gemachten Hinweisen resultieren, eine Haftung übernehmen.

Printed in Germany

ISBN 978-3-89749-448-0

www.gabal-verlag.de
www.gabal-shop.de

# In 30 Minuten wissen Sie mehr!

Dieses Buch ist so konzipiert, dass Sie in kurzer Zeit prägnante und fundierte Informationen aufnehmen können. Mit Hilfe eines Leitsystems werden Sie durch das Buch geführt. Es erlaubt Ihnen, innerhalb Ihres persönlichen Zeitkontingents (von 10 bis 30 Minuten) das Wesentliche zu erfassen.

*Kurze Lesezeit*
In 30 Minuten können Sie das ganze Buch lesen. Wenn Sie weniger Zeit haben, lesen Sie gezielt nur die Stellen, die für Sie wichtige Informationen beinhalten.

- Alle wichtigen Informationen sind blau gedruckt.

- Schlüsselfragen mit Seitenverweisen zu Beginn eines jeden Kapitels erlauben eine schnelle Orientierung: Sie blättern direkt auf die Seite, die Ihre Wissenslücke schließt.

- *Zahlreiche Zusammenfassungen innerhalb der Kapitel erlauben das schnelle Querlesen. Sie sind blau gedruckt und zusätzlich durch ein Uhrsymbol gekennzeichnet, so dass sie leicht zu finden sind.*

- Ein Register erleichtert das Nachschlagen.

# Inhalt

# Vorwort

„Ich soll die Rolle eines Mentors übernehmen?!" Vielen Führungskräften fährt bei dieser Nachricht der Schreck in die Glieder: „Was muss ich denn da tun? Was wird von mir erwartet? Kann ich das überhaupt?" Wir haben es mittlerweile verlernt, das Erfahrungswissen als Ältere an die nächste Generation weiterzugeben und uns dabei von den Jüngeren anregen zu lassen.

Infolgedessen ruht das Erfahrungswissen in den meisten Unternehmen als ungenutztes Kapital.

Ann Junk widmet sich in diesem Buch den Schwierigkeiten, denen ein Mentor gegenüber steht, wenn er die Einarbeitung eines neuen Mitarbeiters fördern oder die Fähigkeiten einer nachwachsenden Führungskraft entwickeln will. Sie beschreibt die Rolle des Mentors, zeigt die wesentlichen Gesprächsthemen auf, um die es beim Mentoring geht, liefert Gesprächsstrukturen, die die Arbeit ordnen und sie gibt Tipps für die auftauchenden Problemsituationen, kurz: Mit „30 Minuten für erfolgreiches Mentoring" gibt die Autorin angehenden Mentoren einen praktischen Leitfaden an die Hand, der dazu verhilft, die Gewinn bringende Aufgabe eines „väterlichen Freundes (oder Freundin)" so zu meistern, dass beide Seiten profitieren.

„Ich soll die Rolle eines Mentors übernehmen?!" Kein Grund mehr, um zu erschrecken. Ich wünsche dem

Leser Gewinn bei der Lektüre und Erfolg bei seinen Bemühungen, nachwachsende Menschen zu beraten.

*Heinz Becker*

Schon als junge Studentin hat mich das Thema des Älterwerdens besonders interessiert, und ich machte es zum Schwerpunktthema meiner mündlichen Diplomprüfungen. Inzwischen bin ich selbst zum „älteren Semester“ gereift und fühle mich auch persönlich getroffen, wenn Mitarbeiter über 50 als Problem angesehen werden, wenn man froh ist, sie möglichst elegant loszuwerden. Das vorliegende Buch entstand auch aus der Motivation, dem Wissen und der Erfahrung Älterer wieder den Platz zu geben, der ihm gebührt und Jungen wie Älteren Lust zu machen, neugierig voneinander zu lernen und einander zu unterstützen und wertzuschätzen.

Zum Buch: Aus Gründen der besseren Lesbarkeit werde ich durchgehend den Begriff „Mentor“ benutzen und meine dabei sehr wohl auch Mentorinnen.

*Ann Junk*

# 1. Was es bedeutet, ein Mentor zu sein

„Jetzo erhub sich Mentor, ein alter Freund des tadellosen Odysseus, dem er, von Ithaka schiffend, des Hauses Sorge vertrauet, dass er (nämlich Odysseus Sohn Telémachos) dem Greise gehorcht und alles in Ordnung hielte."

Zitat aus dem 2. Gesang der Ilias von Homer

Telémachos hatte Glück gehabt, denn sein Vater hat für ihn jemanden ausgesucht, der ihn ins Leben einführen, in diesem besonderen Falle auch den Vater ersetzen sollte, der ja bekanntlich jahrelang über die Meere fahren musste. Der Begriff ist geblieben: „Mentor" für jemanden zu sein. Wie diese Aufgabe heute aussehen kann, möchte ich im Folgenden skizzieren.

## 1.1 Mentorschaft heute

Es scheint, als sei Odysseus bis nach Amerika gesegelt, dort nämlich macht der Begriff seit den 80iger Jahren Furore und ist als „mentoring" nach Europa zurück gekommen.

Gemeint ist mit diesem Wort eine besondere Art der Zweierbeziehung, wobei der Mentor den anderen, den Mentee darin unterstützt, sich ein neues Arbeitsgebiet zu erschließen oder mit ihm gemeinsam verabredete Ziele erreichen will. Gespräche, konkrete Anleitungen, Vermittlung von Kontakten und Gelegenheiten: Mentorschaft ist eine ehrenamtliche Tätigkeit. Und schließlich: Beide müssen diese Beziehung gern eingehen, die Inhalte vertraulich behandeln und gleichermaßen ihren Nutzen davon haben.

*Mentoren in der Alltagserfahrung*

Die obige Definition mag noch recht abstrakt klingen. Wahrscheinlich haben Sie jedoch in Ihrem Leben auch schon Mentoren gehabt oder schon mal für einen Mentee gesorgt. Wie war das nach dem Umzug in eine andere Stadt? Gab es da nicht jemanden, an den Sie sich gern gewandt haben, um schneller über alles Fremde Bescheid zu wissen? Oder die Spaziergänge in der Natur mit der älteren Nachbarin, die soviel über Pflanzen und Kräuter wusste und Ihnen freigiebig das Wissen weitergab. Dann der Kollege in der neuen Firma, der sich immer wieder Zeit nahm, Ihnen von den wahren Machtverhältnissen hinter der offiziellen Hierarchie zu erzählen, von den Eigenheiten und Vorlieben der Vorgesetzten oder der Tipps parat hatte, wie Sie Ihre Ideen am besten realisieren können. All diese Menschen waren Mentoren für Sie; ganz informell hatte sich eine Beziehung ergeben, in der sich der eine traut zu fragen und der Angesprochene das Angebot annimmt: nämlich Mentor zu werden.

*Das heutige Mentoring*

Bei einem Blick in die Literatur wird besonders der amerikanisierte Begriff des mentoring meist wesentlich enger gefasst. Bezogen auf den beruflichen Kontext gilt ein Mentor dann als eine erfahrene Führungskraft, die einen jüngeren Menschen bei seiner beruflichen (fachlichen und methodischen) und auch persönlichen (sozialen und personalen) Entwicklung begleitet und berät, an seinen Erfahrungen und sogar an seinem beruflichen Netzwerk teilhaben lässt.

*Als Mentor einen Menschen zu fördern und zu unterstützen ist so altbekannt wie der Name selbst. Das Prinzip wird für die berufliche Förderung und Entwicklung neu entdeckt und genutzt.*

## 1.2 Voraussetzungen beim Mentor

Der Pakt zwischen dem Erfahrenen und dem Unerfahrenen ist schon Jahrtausende alt. Wenn wir uns diese Idee heutzutage im beruflichen Zusammenhang wieder zunutze machen, gar firmenweite oder firmenübergreifende „Mentoring-Programme" ins Leben rufen (siehe Kapitel 2.1), dann herrscht breite Übereinstimmung darüber, was ein Mentor zum Beispiel an Qualitäten mitbringen muss, um diese Funktion optimal zu erfüllen.

*Rein formale Voraussetzungen*

- Der Mentor sollte in der Organisationshierarchie mindestens 2 Stufen höher eingestuft sein als sein Mentee.
- Der Mentor sollte eine anerkannt fähige Führungskraft sein.
- Der Mentor darf nicht in direkter Vorgesetztenlinie zum Mentee stehen.
- Der Mentor sollte älter, das heißt reifer und damit lebenserfahrener sein als sein Mentee. Ein Altersunterschied von ca. 10 Jahren genügt jedoch.

Hinter diesen rein formalen Anforderungen stehen besonders die Annahmen, dass zum Beispiel ein firmenintern als gute Führungskraft beleumundeter Geschäftsführer über Kompetenz und die besten Einflussmöglichkeiten verfügt, von denen ein Mentee großen Nutzen haben kann; weiterhin, dass die Führungskraft auch über ein großes, tragfähiges Netzwerk verfügt, das einem Mentee wertvolle Türen öffnen kann.

Und es versteht sich von selbst, dass die vertrauensvoll-unterstützende Funktion eines Mentors mit einer Führungsfunktion in Konflikt geraten kann, die auch bewerten oder sanktionieren muss. Deshalb kann die Führungskraft nicht gleichzeitig Mentor seines Mitarbeiters sein.

Ein Mentor steht in der Firmenhierarchie mindestens zwei Stufen über dem Mentee, ist lebenserfahrener und hat keine Führungsfunktion für diesen inne.

*Voraussetzungen in der Grundhaltung*
Die im Folgenden von mir genannten grundsätzlichen Einstellungen anderen Menschen, besonders aber dem Mentee gegenüber, beruhen auf Erfahrungen meiner Kolleginnen und Kollegen, die Mentoren betreuen; zum anderen spiegeln sie meine persönlichen Werte wider.

- Mit sich selbst und seiner eigenen Biografie im Reinen sein, sich selbst Fehler verzeihen und Schwächen liebevoll annehmen gelernt haben.
- Eine positive Grundeinstellung zu seinem Mentee haben, den Mentee gern haben.

- Interesse und Freude am Entwicklungsprozess anderer Menschen haben.
- Dem Mentee die zu erreichenden Ziele wirklich zutrauen.
- Bei allem immer selbst noch offen sein für das Staunen und Dazulernen.
- Geduld.
- Toleranz, die hilft, andere Menschen wertzuschätzen, auch wenn diese einem selbst unverständliche und fremde Züge zeigen.
- Fähigkeit zur Selbstreflektion.
- Eine loyale Haltung zum Unternehmen, in dessen Rahmen die gemeinsame Arbeit stattfindet bzw. zum Unternehmen des Mentee.

Gewiss, so in der Menge aufgezählt, habe ich die Messlatte vielleicht hoch gelegt. Lassen Sie sich nicht von vorneherein entmutigen, denn die gute Nachricht dabei: Während der Zeit der Mentorschaft machen Mentoren selbst auch eigene Entwicklungsschritte in den aufgezählten Bereichen. Es würde für einen Mentor also zunächst einmal genügen, wenn er aus vollem Herzen sagen kann: „Ja, das alles halte ich für wichtig und richtig für mich, und ich möchte mich auf den Weg in diese Richtung begeben.“

*Ein Mentor hat Interesse an Menschen, Freude an deren Entwicklung und geht mit seinem Mentee ebenso liebevoll-wertschätzend um wie mit sich selbst.*

## 1.3 Was ein Mentor wissen sollte

*Führungs- und Organisationswissen*

Gehen wir mal davon aus, dass ein gemeinsam verabredetes Ziel zwischen Mentor und Mentee die Karriereförderung ist (zu Zielen siehe Kapitel 4), dann muss ein Mentor auf diesem Gebiet einen Wissens- und Erfahrungsvorsprung haben. Ein Mentor, der die genannten formalen Kriterien erfüllt, hat schon unter Beweis gestellt, dass er etwas vom Karrieremachen versteht. Er weiß, dass gutes Fachwissen allein nicht ausreicht, um in einer Firmenhierarchie nach oben zu gelangen. Natürlich wird er dieses Wissen gern weitergeben, und er weiß natürlich auch, warum oft politisches und strategisches Handeln nötig ist. Er hat bei seinem Tun stets das gesamte System im Blick. Er kann aus komplexen Informationen die für ihn wichtigen herauslesen und für seine Ziele verwenden. Ein Mentor weiß um die Bedeutung firmeninterner und -übergreifender Netzwerke, und selbstverständlich ist ihm klar, was es bedeutet, andere Menschen zu führen. Und ein guter Mentor kann dieses komplexe Wissen für einen Mentee auch nutzbringend vermitteln.

*Entwicklungsprozesse beim Erwachsenen*

Für die Arbeit mit Menschen anderer Generationen kann es sehr nützlich sein, ein wenig Grundwissen über entwicklungspsychologische Zusammenhänge zu haben. Ich werde darauf in Kapitel 4 noch detaillierter eingehen, mit Vorurteilen aufräumen und den Stand des Wissens heute zusammenfassen.

*Wie Lernen geschieht*
Jeder glaubt zu wissen, was Lernen heißt, schließlich sind wir alle mal zur Schule gegangen. Anhand des Arbeits- und Veränderungsprozesses beim Mentoring werde ich gesondert darauf eingehen, was Lernen in diesem Zusammenhang bedeutet (Kapitel 5).

*Ein Mentor hat gutes theoretisches und praktisches Wissen um sein Metier als Führungskraft innerhalb einer komplexen Organisationsumwelt. Er hat ein psychologisches Grundverständnis von menschlicher Entwicklung und weiß über Lernprozesse Bescheid.*

## 1.4 Was ein Mentor können sollte

*Kommunikationsfähigkeit*
Ein Mentor braucht „kommunikatorische Kompetenz". Das fängt an mit aufmerksamem Zuhören. Zum vollen Verstehen, was den Mentee bewegt, wird auch die Fähigkeit zum einfühlenden Verstehen nötig sein, Fachleute sprechen von Empathie, also die Fähigkeit, die emotionale Bedeutung des Gehörten zu erfassen, auch wenn sie nicht ausdrücklich ausgesprochen wird.

Es gilt darüber hinaus, in dem Gespräch mit dem Mentee die Balance zu halten: Dem Mentee die „Leine lassen", das heißt, ihm zuzuhören, welche Themen für ihn im Vordergrund stehen, und andererseits auch die zu erreichenden Ziele nicht aus den Augen verlieren. Der Mentor sollte Struktur geben, wie eine Art Moderator durch das Gespräch führen: Zurückführen auf das Thema, weiterführende Fragen stellen usw. Ein Mentor wird seinen Mentee auf Widersprüche in seiner Darstellung hinweisen und ihm eine Rückmeldung (Feedback) geben. Selbstverständlich ist der Mentor auch daran interessiert, von seinem Mentee mal ein Feedback zu erhalten.

Ein guter Mentor plaudert nicht nur aus dem „Nähkästchen“, er wird sich bemühen, mit seinem Mentee gemeinsam Wege und Lösungen zu entwickeln, die für den Mentee stimmen und zu ihm passen. In diesem Sinne hat er zeitweise eine Funktion wie ein „Coach“, normalerweise ein bezahlter, externer, professioneller Berater, der eine begrenzte Zeit lang an ganz konkreten Zielen zur Verhaltensänderung arbeitet (siehe auch GABAL: „30 Minuten für mehr Erfolg durch coaching“). Ein Mentor ist jedoch kein Coach, er arbeitet ehrenamtlich, lässt an seinen persönlichen Erfahrungen teilhaben, und seine Unterstützung geht auch durch ganz konkrete Hilfsangebote darüber hinaus. Im gemeinsamen Arbeitsprozess wird es jedoch Phasen geben, wo die Abgrenzung „Mentor-coach“ schwierig wird, da der Mentor ja auch – wie ein Coach – mit seinem Mentee an vorher abgestimmten Zielen arbeitet. Ich möchte die Abgrenzungsdebatte hier nicht ausdiskutieren, denn es geht um hilfreiches und zielführendes Gesprächsverhalten, und das brauchen beide, der Coach wie der Mentor.

Ab und zu wird es auch nötig sein, seinen Mentee zu ermuntern, ohne in ein joviales „Das schaffen Sie schon“ zu verfallen.

*Kreativität und Humor*

Die komische Seite von Befremdlichem, Belastendem, Ärgerlichem zu entdecken und darüber lachen zu können, ist eine Fähigkeit, die ich jedem Mentor wünsche. Sie erleichtert so vieles und lässt ein Klima entstehen, in dem auch unkonventionelle Lösungsansätze gedeihen, zum Beispiel auch außerhalb der gemeinsamen Gespräche mit dem Mentee. In manchen Firmen läuft der Mentee wie ein Schatten ein paar Tage bei dem Mentor mit. Er erhält damit Gelegenheit, seinen Mentor in „Aktion" zu erleben und zu erfahren, sich etwas abgucken zu können. Es werden sich auch Gelegenheiten finden lassen, wo sich der Mentee in neuen Funktionen ausprobieren kann. Und wenn es nur eine kurze Ansage ist: Einmal auf dem Podium vor 2000 Menschen ins Mikrophon gesprochen zu haben, ist ein erster Übungsschritt für die große Rede, die irgendwann auf den Mentee zukommen kann.

*Soziale Kompetenz*

Überall wo Menschen zusammenarbeiten, gibt es unterschiedliche Interessen, verschiedene Einschätzungen von Entwicklungen, abweichende Meinungen über Mittel und Wege, die angepeilten Ziele zu erreichen. Die schon oben erwähnten guten kommunikatorischen Fähigkeiten sind eine notwendige Vorraussetzung, die großen und kleinen Konflikte des Führungsalltags konstruktiv bewältigen zu können. Der „Weg nach oben" hängt ganz entschieden davon ab, wie gut ein Mensch mit solchen Situationen umgehen kann, also wie gut entwickelt seine soziale Kompetenz ist. Unter diesem Oberbegriff versammelt sich eine

Anzahl von Fähigkeiten, die ein Mensch braucht, um konstruktiv mit anderen Menschen zusammenleben zu können: Eine realistische Selbsteinschätzung, eben ein Wissen darum, wie mein Verhalten auf andere wirkt, eine gute Wahrnehmung für andere, sich für eigene Interessen stark machen können, ohne andere dabei zu vernichten oder zu beschädigen, ein positives Selbstwertgefühl, das sich nicht daraus nährt, andere abzuwerten, Fähigkeit zum Mitfühlen und emotionalen Mitschwingen ebenso wie sich auch abgrenzen zu können.

Der Mentor wird im Laufe seiner Karriere gelernt haben, die Komplexität von Konfliktgeschehen in Organisationen zu erfassen und sein Verhalten darauf abzustimmen. Methoden der Konfliktschlichtung sind ihm ebenso vertraut wie manchmal nötige pragmatische Konfliktvermeidung. All das an einen Mentee weiterzugeben, ohne sich im nachhinein in einer Siegerrolle zu sonnen, auch von Fehlern und eigenen Begrenzungen zu erzählen, ist ein wertvoller Erfahrungsschatz, den der Mentor weitergibt.

***Gute kommunikatorische Fähigkeiten sind ebenso Vorraussetzung für einen gelungenen Mentoring-Prozess wie das Bündel an Fähigkeiten, das mit sozialer Kompetenz bezeichnet wird. Damit die Arbeit Spaß macht: Kreativität und Humor sind nützliche Begleiter.***

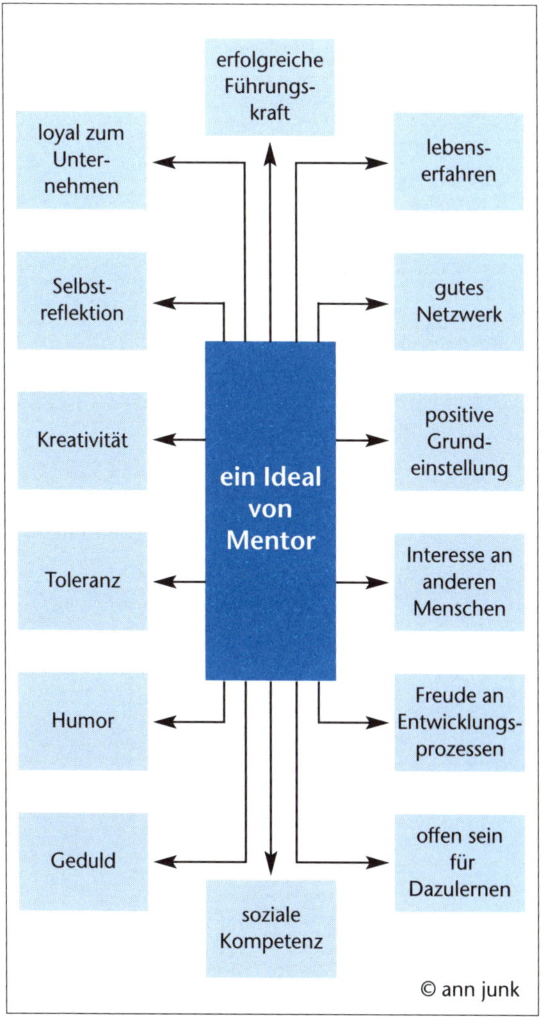
erfolgreiche Führungs-kraft
loyal zum Unter-nehmen
lebens-erfahren
Selbst-reflektion
gutes Netzwerk
Kreativität
ein Ideal von Mentor
positive Grund-einstellung
Toleranz
Interesse an anderen Menschen
Humor
Freude an Entwicklungs-prozessen
Geduld
offen sein für Dazulernen
soziale Kompetenz
© ann junk

# 2. Mein Mentee

Hoffentlich haben Sie inzwischen Lust bekommen, so eine Betreuungs- und Förderfunktion für einen jüngeren Menschen zu übernehmen. Vielleicht haben Sie schon jemanden im Auge und fragen sich, ob derjenige wohl „der Richtige“ für eine gemeinsame Arbeit ist. Eventuell sind Personalentwickler an Sie herangetreten, und Sie zögern mit Ihrer Entscheidung, weil Sie nicht wissen, was auf Sie zukommt.

## 2.1 Die Auswahl des Mentee

*Innerhalb der Firma oder Organisation*

Herr Dr. Lengmüller feiert sein 25-jähriges Firmenjubiläum, fast alle konnten sich für den großen Anlass freimachen: Die ehemaligen Mitarbeiter und Vorgesetzten, seine jetzige Abteilung, Vorgesetzte, Nachbarabteilungen... Grußworte, Sekt und Selters stoßen auf den Jubilar an, Häppchen am Büffet. Sie selbst kennen viele der Gäste, aber nicht alle. Sie schauen sich im Raum um: Eine junge Frau weckt Ihr Interesse. Sie steht etwas abseits, das Glas in der Hand. Mit neugierigen Augen schaut sie in die Runde, die Kleidung ein wenig zu salopp, ja, fast ein wenig provozierend. Sie müssen schmunzeln, und vor Ihnen tauchen Erinnerungen an Ihre erste Zeit in der Firma auf, wie befremdlich die Ihnen inzwischen so vertrauten Rituale und Gesprächsstile damals waren, fast hätten Sie das schon vergessen.

„Guten Tag, ich bin .... Sind Sie neu in unserer Firma? Ich habe Sie hier bislang noch nicht gesehen.

So oder so ähnlich könnte der Beginn einer Mentorschaft aussehen. Ihre Intuition hat Sie vielleicht zu einem Menschen geführt, mit dem Sie etwas gemeinsam haben, in dem Sie unbewusst Züge von sich selbst wahrgenommen haben, den Sie interessant fanden und den Sie spontan mochten.

Sofern Sie schon von sich aus Lust auf solch ein Ehrenamt haben, gibt es mannigfaltige Gelegenheiten in der Firmenumwelt, um Menschen zu entdecken, für die Sie sich eine Mentorschaft vorstellen können, vom Smalltalk in der Teeküche bis hin zum gemeinsamen Plausch in der Warteschlange vor der Essensausgabe in der Kantine. Vorraussetzung muss sein, dass der Betroffene den Ball auffängt und die Initiative ergreift. Der Mentee muss etwas von Ihnen wollen!

Sie können auch selbst auf Ihre Personalentwicklungsabteilung zugehen und um Vermittlung bitten; meist aber wird die Abteilung selbst Sie bitten, dieses Ehrenamt zu übernehmen. Sie werden dazu bestimmt, für einen jüngeren Menschen Mentor zu sein. Dieser Prozess wird „matching“ genannt. Der Vorteil dieses Verfahrens ist, dass bei der Auswahl Ihres Mentee „das Strukturelle“ schon mitbedacht wurde. Dass dieser nämlich in einer anderen Hierarchielinie arbeitet als sie selbst, Sie beispielsweise mit dessen Vorgesetzten nicht gerade eine glühende Fehde austragen. Der vermeintliche Nachteil ist, dass Sie selbst keine spontane Sympathiewahl treffen können. Mein Tipp: Nutzen Sie die Chance, sich auf einen Menschen einzulassen, der Ihnen auf den ersten Blick wesensfremd ist. Im gemeinsamen Arbeitsprozess liegen dann mehr Lernchancen für Sie.

Natürlich können Sie auch „Nein“ zu einem Vorschlag sagen. Wenn sich von Anbeginn an bei Ihnen alle Nackenhaare vor Antipathie hochstellen: Finger weg, schließlich soll Ihnen die Arbeit Freude machen! Vielleicht nutzen Sie diese Erfahrung und gucken bei sich selbst nach: Was genau hat dieser Mensch an sich, was mir so unangenehm ist? Wie bewerte ich das und warum? (siehe auch Kapitel 6.2).

*Firmenübergreifend*

In großen Organisationen setzen sich mehr und mehr firmenübergreifende Programme durch, sogenanntes „cross-mentoring“. Nach dem Motto „Meine Mentees für Mentoren in deiner Organisation gegen deine Mentees für Mentoren in meiner Organisation“ kann es Ihnen passieren, dass Ihnen ein Mentee einer kooperierenden, nicht konkurrierenden Organisation angeboten wird. Vorteile bei diesem Vorgehen: Ganz nebenbei wird etwas über andere Unternehmenskultur deutlich, das Spezielle und das allgemein Gültige von Lösungsansätzen tritt klar hervor.

*Außerhalb der Firma oder Organisation*

Wenn Sie Lust auf diese Aufgabe bekommen haben, werden Ihnen auch darüber hinaus noch viele Möglichkeiten einfallen, einen geeigneten Kandidaten zu entdecken: Berufseigene Netzwerke, Berufsverbände, Vereine usw. Eine recht aktuelle Übersicht so genannter externer Mentoring-Programme findet sich bei Nele Haasen: „Mentoring“ (siehe Anhang). Möglicherweise gibt es auch schon jemanden in Ihrem Umfeld, bei dem sich eine mentorähnliche Beziehung eingeschlichen hat.

Machen Sie Nägel mit Köpfen und geben Sie dem Kind Namen und Struktur. Allerdings nicht, ohne sich vorher ehrlich ein paar Fragen beantwortet zu haben:

- Was erhoffe ich für mich persönlich, wenn ich für diesen jungen Menschen Zeit und Energie aufwende?
- Wie wird es mir damit ergehen, wenn mein Mentee beruflich erfolgreich und persönlich erwachsen wird?
- Suche ich mir jemanden, der zu mir aufschauen soll, weil ich mir davon eigene Stabilisierung erhoffe?
- Möchte ich diesem attraktiven oder entzückenden Wesen gern näherkommen und sehe in der Mentorschaft eine zunächst unverfängliche Möglichkeit?

*Ein Mentee findet zu Ihnen entweder nach spontaner Neigung oder Interesse innerhalb der eigenen Organisation oder mithilfe Ihrer Personalentwicklung; oder Sie schauen sich in berufsbezogenen Netzwerken, Vereinigungen, Fortbildungen... um. Dabei überprüfen Sie selbstkritisch Ihre Motivation und überlassen die Initiative dann dem Mentee.*

## 2.2 Mein Wunsch-Mentee

*Eigeninitiative*

Eine wichtige und wesentliche Vorraussetzung sollten Sie immer im Blick haben: Sie dürfen nicht mehr wollen für ihren Mentee als der für sich selbst will. Devise: Kommen lassen! Fordern Sie Eigeninitiative.

*Wertekompatibilität*
Welche Werte sind Ihnen wichtig und sollten auch von Ihrem Mentee bejaht werden? Stellen Sie sich vor, für Ihren Mentee besteht ein wesentliches Lebensziel darin, „es“ mit spätestens 40 Jahren „geschafft“ zu haben, dass nämlich ein Porsche vor der Tür steht. Ihnen aber ist es ein Anliegen, Ihre Berufsethik an die nächste Generation weiterzugeben...

*Grundbedingungen*
Was sind für Sie Vorraussetzungen an eine gemeinsame Arbeit, von denen Sie nicht abrücken möchten oder können? Kommen Sie an Ihre Grenzen der Toleranz, wenn Ihr Mentee unpünktlich ist, oder gelegentlich mal eine Zusage vergisst? Wie kritisch darf Ihr Mentee Sie hinterfragen?

*Bevor Sie zu einer Mentorschaft „JA“ sagen, machen Sie sich die Höhe Ihrer Messlatte bewusst, überprüfen Sie sie, um zu wissen, warum Sie diesen Mentee auswählen und jenen Mentee abwählen.*

## 2.3 Doppel oder Mixed

*Gesellschaftspolitische Erwägungen*
Tatsache ist: Obgleich junge Frauen bei gleichzeitig höheren Belastungen im Haushalt der Herkunftsfamilie messbar bessere Ergebnisse in den Schulabschlüssen haben, sind sie im Berufsleben bei der Erreichung höherer Hierarchieebenen unterrepräsentiert. Dafür gibt es viele Ursachen, wie zum Beispiel:

- strukturelle Gründe (Probleme bei der Vereinbarkeit von Beruf und Familie).
- personelle Gründe (in der Person der Frauen selbst begründete).
- überkommene Rollenvorstellungen, die beruflich erfolgreichen Frauen nicht die Wertschätzung und Anerkennung entgegenbringen wie Männern.
- wenig Rollenvorbilder.
- das Networking – von Männern seit langem pragmatisch genutztes Mittel zur Karriereförderung – ist für Frauen noch recht neu.

Um hier einen Ausgleich zu schaffen, wurden in den letzten Jahren viele Mentoring-Programme ins Leben gerufen, die sich speziell an Frauen wandten. Ein Grund, eine Mentee zu wählen, könnte also Ihr gesellschaftspolitisches Engagement sein.

*Als Frau eine Frau wählen*

Als weibliche Führungskraft fällt es Ihnen leichter, die weibliche Sicht Ihrer Mentee auf die Unternehmensumwelt nachzuvollziehen, Sie haben schon viele Jahre erlebt, was es heißt, als Frau nach oben zu kommen. Bekanntlich gilt immer noch: Wenn Mann und Frau dasselbe tun oder sagen ist es nicht immer dasselbe in der Bewertung durch die Außenwelt. Ihre Mentee kann durch eine Mentorin ein mögliches Rollenvorbild hautnah erleben und unterscheiden lernen, welches frauentypische Erlebens- und Reaktionsweisen sind, was hingegen geschlechtsunabhängig auf Männer wie Frauen zukommt, wenn sie Erfolg anstreben.

*Als Frau einen Mann wählen*
Als Mentorin einen Mentee zu wählen kann interessante Lernmöglichkeiten im Hinblick auf die Unterschiede im Denken, Bewerten und Erleben von Mann und Frau für sie ergeben. Bei dieser Konstellation ist es – besonders während einer firmeninternen Mentorschaft – wichtig, dass alle wissen, warum sich die zwei regelmäßig treffen, und es ganz offenbar eine vertraute Atmosphäre zwischen ihnen gibt. Mit dem Restrisiko, dass beiden ein Verhältnis angedichtet wird, werden beide leben müssen.

*Als Mann einen Mann wählen*
Das Gespann vom erfolgreichen Senior und einem jungen Mann in seinem Gefolge ist traditionell bekannt. Sie kennen das Geschäft und alles, was damit verbunden ist und geben dieses Wissen als ein mögliches Rollenvorbild an die nächste Generation weiter.

*Als Mann eine Frau wählen:*
Diese Konstellation hat für beide interessante Chancen: Sie werden vielleicht erstmalig damit konfrontiert, dass manches, was für Sie prächtig funktionierte, nicht notwendigerweise auch für eine Frau empfehlenswert ist (Geschlechterrollen). Auch die andere Denk-, Wahrnehmungs- und Erlebensweise von Frauen mögen Sie als Bereicherung empfinden.
Ihre Mentee lernt von Ihnen die „Spielregeln unter Männern“, damit leisten Sie einen wichtigen Beitrag dafür, dass Frauen in Ihrer oder einer anderen Organisation bessere Chancen auf dem Weg nach oben erhalten.

Natürlich gilt für den Mentor dasselbe wie für die Mentorin: Die Funktion muss klar nach außen kommuniziert werden, um Missverständnissen vorzubeugen.

***Treffen Sie eine bewusste Entscheidung für eine oder einen Mentee. Neben einem möglichen gesellschaftspolitischen Engagement für Frauen überlegen Sie ruhig für sich selbst, wovon Sie persönlich wohl am meisten bereichert werden.***

# 3. Mentorschaft ganz praktisch

Ebenso unterschiedlich wie die Menschen insgesamt sind, gestalten sich die Mentor-Mentee-Beziehungen in der Praxis. Machen Sie sich bewusst, dass Sie mit allem, was Sie tun oder lassen, Einfluss nehmen.

## 3.1 Die einzuplanende Zeit

*Seien Sie realistisch*

Sicher, Sie werden Zeit aufwenden müssen für diese zusätzliche Aufgabe, die Sie übernommen haben. Ein sogenanntes „intensives Mentoring“ bedeutet, dass Sie sich regelmäßig alle 4 bis 6, maximal 8 Wochen für ein- bis eineinhalbstündige Gesprächen zusammen setzen sollten, um einen kontinuierlichen Förderprozess zu begleiten. Zu Beginn der Mentorschaft können sogar noch kürzere Intervalle sinnvoll sein. Im Anschluss an die Gespräche machen Sie sich bereits Notizen und Gedanken für das nächste Gespräch. Ihr Mentee macht das ebenso.

**Nach- und Vorbereitungs-Checkliste:**

- allgemeine Zielsetzung für das nächste Gespräch
- folgende Gesprächstechniken werde ich einsetzen:
  aktives Zuhören
  spiegeln
  konfrontieren
- aus dem letzten Gespräch entnehme ich folgende Hinweise für die Bedürfnisse des Mentee ...
- was habe ich selbst dem Mentee angeboten an – unterstützendem Zuhören?

  - coaching
  - von mir selbst erzählen
  - Informationsweitergabe?
- Wichtiges, was die Organisation des Mentee oder sein Mentoringprogramm betrifft, und ich weiterverfolgen muss ...
- wie erging es mir während der Arbeit? Was will ich in welcher Form das nächste Mal ansprechen?
- Informationen oder herzustellende Kontakte vor dem nächsten Treffen ...
- Datum, Uhrzeit und Ort des nächsten Treffens

Auch wenn Sie ihren Mentee an Ihren Aktivitäten teilnehmen lassen, ist das nur fruchtbar, wenn Sie sich die Zeit für eine gemeinsame Auswertung nehmen. Es kann auch sein, dass Ihr Mentee zwischendurch mal schnell telefonisch , per E-Mail oder auch im persönlichen Gespräch eine Rückmeldung, einen Ratschlag oder Aufmunterung braucht. Es wird Ihre vornehmste Aufgabe sein, wie ein Netz bei einem Seiltanz für Ihren Mentee als Auffänger da zu sein.

Wenn Sie sich auf diese regelmäßige zeitliche Verpflichtung nicht einlassen können, möchten Sie vielleicht einem Mentee gelegentliche Treffen anbieten. Wichtig ist in jedem Fall, dass Sie den Umfang Ihres Unterstützungsangebotes miteinander offen besprechen.

*Wie lange Sie sich binden werden*

Wenn Sie in organisationsinterne Programme eingebunden sind, werden Sie sich wie bei der Frequenz der Gespräche in einen vorgeschlagenen Rahmen einpassen. Bei selbstinitiiertem Mentoring ergibt sich die Zeitspanne zum einen aus den verabredeten Zielen; für jemanden Mentor zu sein. Wer ein Büchlein in dieser „30-Minuten-für...“-Reihe schreiben möchte, für den dürften schon 6 Monate Begleitung ausreichen. Je unspezifischer das Ziel ist („im Hause Karriere machen“), desto länger kann der Prozess natürlich dauern, wenn Sie sich auf so ein allgemein formuliertes Ziel einlassen wollen. Die Erfahrung zeigt: Unter einem Jahr läuft nichts.

*Planen Sie pro Monat im Schnitt mindestens 2 bis 3 zusätzliche Zeitstunden ein, – und das über rund ein Jahr.*

## 3.2 Wo man sich trifft

***Flexibel und zweckgebunden***

Für die Gespräche wird der Mentee meist zu Ihnen ins Büro kommen, – aber bitte: Kommen Sie hinter dem Schreibtisch hervor und setzen Sie sich gemeinsam in die Besprechungsecke.

Oder Sie treffen sich auch mal an einem für beide gut erreichbaren, neutralen Ort ohne störende Außeneinflüsse, beispielsweise, wenn der Mentee große räumliche Entfernungen überbrücken muss.

Arbeitet der Mentee in einem Bereich, der Ihnen unvertraut ist? Zögern Sie nicht, die Firma Ihres

Mentees zu besuchen. Manch eine Lösung für ein Problem kann einem so richtig ins Auge fallen.

Darüber hinaus gibt es die in gemeinsamer Kreativität entdeckten Begebenheiten, die ein gutes Lernfeld für Ihren Mentee darstellen können:

- wenn Sie eine Abteilungsbesprechung leiten
- wenn Sie während der Messe wichtige Kundenkontakte knüpfen
- wenn Sie im Golfclub an der Bar Ihr firmenübergreifendes Netzwerk pflegen
- wenn Sie eine Vorstandspräsentation vorbereiten und durchführen
- wenn Sie persönlich eine Kundenbeschwerde entgegennehmen
- wenn Sie neue Konditionen mit einem Lieferanten aushandeln

Kurzum: Ihrer Kreativität und der Ihres Mentee sind keine Grenzen gesetzt. Das Motto lautet: „Richtig“ ist, alles das, was dazu dient, das gemeinsam abgestimmte Ziel zu erreichen (und dabei keinem anderen zu schaden).

*Verabredete regelmäßige Gespräche finden meist in der Besprechungsecke in Ihrem Büro statt; sonstige Treffpunkte ergeben sich aus den avisierten Lernfeldern.*

## 3.3 Vereinbarungen mit dem Mentee

Wenn die Arbeit mit Ihrem Mentee innerhalb eines organisationsinternen Programmes stattfindet, wird Ihnen wahrscheinlich eine bestimmte Art der Dokumentation nahegelegt werden. Sonst sind Sie frei zu entscheiden, ob Sie bestimmte Absprachen schriftlich fixieren wollen. Die nachfolgende Liste sollte aber in jedem Falle Anlass bieten, sich über die genannten Punkte mit dem Mentee zu verständigen. Eine schriftliche Vereinbarung unterstreicht die Ernsthaftigkeit und Verbindlichkeit auf beiden Seiten.

Mentor und Mentee sollten sich zu Beginn ihrer gemeinsamen Arbeit über folgende Inhalte verständigen:

1. Zeit und Häufigkeit der Treffen:
   Regelmäßig? Bei Bedarf? Wie lange jeweils?
2. Wo trifft man sich?
3. Vertraulichkeit der Gespräche
4. Veröffentlichung der Beziehung
   (Wer wird wie darüber in der Firma informiert, wer darf, wer muss es wissen?
5. Einbeziehung der Führungskraft des Mentee
6. An welchen Zielen soll gearbeitet werden? Welche Themen werden nicht Inhalt der Gespräche sein?
7. Wird die Mentorschaft zeitlich begrenzt oder gibt es klare Kriterien für die Zielerreichung?
8. Wieviel Unterstützung kann der Mentor über die Gespräche hinaus anbieten?

9. Die Initiative liegt beim Mentee: Auf welchen Kommunikationswegen darf er wann auf den Mentor zugehen?
10. Wie geht man vor, wenn einer der beiden eigene Wege gehen möchte?
11. Der Mentee bezieht sich bei Kontakten nicht auf seinen Mentor, wenn dies nicht ausdrücklich abgesprochen ist.

*Noch einige Anmerkungen zu Punkt 6 dieser Checklist:* Das Herausarbeiten von Veränderungszielen erfordert häufig mehr Zeit und gehört schon als Inhalt in die ersten Gespräche (siehe dazu Kapitel 4.3). Zu diesem Zeitpunkt der gemeinsamen Arbeit mögen grobe Überbegriffe wie „ich möchte im Hause Karriere machen“ oder „ich möchte mir als Spezialistin für … in meiner Firma einen guten Namen machen“ zunächst ausreichen.

***Wichtig ist, sich mit dem Mentee zu Beginn einer Mentorschaft sowohl über Inhalte der gemeinsamen Arbeit als auch über rein formale Aspekte wie Zeit, Ort, Vertraulichkeit zu verständigen, und dieses auch gern schriftlich festzuhalten.***

# 4. Die gemeinsame Arbeit

Das Duo Mentor-Mentee hat sich zusammengefunden und begibt sich in einen gemeinsamen Lern- und Veränderungsprozess, jeder aus seiner Rolle heraus, nachdem Sie schon erste Verabredungen miteinander getroffen haben.

## 4.1 Die Arbeitsbeziehung entsteht

*Sie sind Modell*

In den Stunden der Anfangsphase, besonders in der ersten Stunde, werden Weichen gestellt. Ihr Mentee orientiert sich ganz unbewusst an den Maßstäben, die Sie setzen, auch hinsichtlich konkreter Details: „Wie pünktlich ist er, wie begrüßt er mich, welchen Platz weist er mir zu, welche Fragen stellt er, wie lange lässt er mich reden, was darf ich wie sagen, an welchen Stellen unterbricht er mich“ ... und so weiter.

Auch wenn Sie ein sehr partnerschaftliches Verständnis von der Beziehung haben: Sie sind der Ältere, Erfahrenere, Reifere.

*Vertrauen wächst*

Jetzt entsteht die Atmosphäre des vertrauten miteinander Arbeitens. Ihr Mentee ist besonders hellhörig, was Bewertungen von Ihnen angeht. Aufgrund Ihrer kommunikatorischen Kompetenz haben Sie ohnehin schon lange gelernt, Hinweise wie „das sollten Sie ..., da müssten Sie aber ..., das dürfen Sie aber nicht so sehen... und so weiter zu vermeiden. Statt dessen werden Sie interessiert nachfragen, warum der Mentee sich so und nicht anders verhalten hatte, was er mit diesem Verhalten erreicht hatte, ob er mit dem Resultat zufrieden war oder nicht. Und schon haben Sie ein erstes Veränderungziel erarbeitet, ohne dass Sie sich zum Maßstab für gut oder schlecht gemacht haben.

Selbstverständlich wird die Beziehung im Laufe der gemeinsamen Arbeit belastbarer, da über die Zeit das Grundvertrauen wächst, dass Sie Ihren Mentee wertschätzen, auch wenn es Veränderungsbedarfe und Defizite zu benennen gilt.
Vertrauen aufzubauen heißt vor allem, Misstrauen zu vermeiden. Wenn Sie sich während der Erzählungen des Mentee Notizen machen, erklären Sie ihm den Hintergrund. Arbeiten Sie so transparent wie möglich. Ein klar abgesteckter Rahmen für die gemeinsame Arbeit schafft Sicherheit und wird so zu einer Basis für Vertrauen. Gehen Sie dafür gemeinsam die Liste mit den zu vereinbarenden Punkten durch ( siehe Kapitel 3.3.).

### *Die Struktur der Treffen*

Wahrscheinlich haben Sie im Laufe Ihrer Berufstätigkeit eine Gesprächsstruktur verinnerlicht, die Ihnen hilft, soviel „lange Leine“ zu lassen wie möglich, und soviel Führung zu geben wie nötig. Alle Gespräche werden im wesentlichen die gleichen Phasen durchlaufen:

- Der Bericht des Mentee, was steht für heute an: Rückblick auf Ereignisse seit dem letzten Treffen
- sorgfältiges Herausarbeiten, worum es wirklich ging, Nachfragen, verstehen, analysieren

- Entwickeln von Verhaltensalternativen oder auch Alternativen in der Bewertung oder der Sichtweise auf die Geschehnisse
- Resümee und Bewertung der Stunde durch den Mentee, Konsequenzen und Planen der Umsetzung.

Nachfolgend skizziere ich kurz vier bekannte Strukturierungsmodelle für das Führen von Beratungsgesprächen. Sie mögen interessante Anregungen für Sie sein. Lassen Sie sich nicht entmutigen, wenn das Einhalten eines solchen Schemas Ihnen zu kompliziert erscheint. Wichtig ist, dass Sie sich in der Anfangsphase auch über das Wie der gemeinsamen Arbeit verständigen. Eine feste Struktur im Hinterkopf zu haben gibt beiden Sicherheit.

*Die RAFAEL-Methode*

Das Vorgehen nach dieser Methode eignet sich für die Auswertung von neuen Lernerfahrungen des Mentee in Situationen, in denen auch der Mentor selbst mit anwesend war. Die Buchstaben stehen für

**R** – Report (der Mentee schildert seine Wahrnehmung und Bewertung der Situation)

**A** – Alternativen (der Mentee stellt Überlegungen an, was er bei einer vergleichbaren Situation ein nächstes Mal anders machen würde)

**F** – Feedback (der Mentor schildert, wie er die Situation, das Verhalten des Mentee erlebt hat und gibt seine Bewertung ab)

**A** – Austausch (beide stellen gemeinsame Sichtweisen und/oder Unterschiede in der Bewertung fest;
woraus sich der letzte Arbeitsschritt ergibt)

**E L** – Erarbeitung nächster Lösungsschritte. (Beide suchen nach praktischen Lösungsansätzen, die den Mentee auf seinem Weg zur Zielerreichung weiterbringen)

*Das GROW-Modell von Whitmore*

Eine gute Hilfe, das Wesentliche im Gespräch nicht aus dem Auge zu verlieren, bietet das folgende 4-Schritt-Modell. Die Struktur geben die vier Versalien, die ebenfalls die (englischsprachige) Überschrift für konkrete Gesprächsphasen bilden.

**G** – Goals: Welche Ziele möchte der Mentee erreichen?

**R** – Reality: Welche Realität schildert der Mentee?

**O** – Options: Welche Verhaltensalternativen gibt es, um die angestrebten Ziele zu erreichen?

**W** – Will: Für welche der angedachten Verhaltensalternativen entscheidet sich der Mentee?

*Sieben Schritte nach Ogne*

Nützlich bei dieser Arbeitsschrittfolge ist der ausdrückliche Hinweis auf die positiven Aspekte. Viele Führungskräfte haben leider eine zu einseitige Optik auf die Defizite und „feiern“ zu wenig das, was schon da ist. Auch das ausdrückliche Nachdenken über die Wertestruktur des Mentee, wie sie sich vielleicht verändert, anpasst, sich sogar mögliches Konfliktpotenzial aufbaut, finde ich nicht nur nützlich sondern für den Wachstumsprozess der Persönlichkeit notwendig.

1. Zuhören (der Mentee erzählt von gemachten Erfahrungen)
2. Feiern (der Mentor hilft, die positiven Entwicklungsschritte herauszuarbeiten)
3. Sich kümmern (wo sind Unzufriedenheiten, Veränderungsbedarf)
4. Strategie entwickeln (beide überlegen, was zu tun ist, um die angestrebten Veränderungsziele zu erreichen)
5. Fähigkeiten trainieren (was fehlt dem Mentee noch, um die angedachte Strategie umzusetzen, wie kann das trainiert werden?)
6. Charakter entwickeln (wie passt das Erlebte oder Umzusetzende in das Wertesystem des Mentee)
7. Herausfordern (die konkrete Umsetzungsplanung der erarbeiteten Strategie)

*Das 4-R-Modell von Robert Logan*

Bei Logans 4-R-Modell stehen zwei der 4 R's für Stichworte, die in den vorigen Modellen nicht erwähnt werden, nämlich die Reflektion der vorhandenen Stärken des Mentee sowie die Mentor-Mentee-Beziehung selbst:

**R** – Reflect (gemeinsames Nachdenken über die Situation, in der sich der Mentee befindet)
**R** – Refocus (der Mentor unterstützt den Mentee bei etwaigen Neuausrichtung seiner Situation)

**R** – Ressources (auf welche Stärken oder Unterstützungsmöglichkeiten kann der Mentee zurückgreifen?)
**R** – Relate (gemeinsame Reflektion der Mentor-Mentee-Beziehung vor dem Hintergrund dieser Arbeitsschritte)

Die hier vorgestellten Raster sind Beispiele und Anregungen. Verabreden Sie zu Beginn der Arbeit mit dem Mentee ein strukturiertes Vorgehen, das Ihnen beiden angemessen und nützlich scheint.

*In den ersten Treffen mit dem Mentee stellen Sie wichtige Weichen für den gemeinsamen Arbeitsprozess, sowohl was das Formale, das Inhaltliche als auch das methodische Vorgehen angeht. Sie gestalten so den Rahmen, in dem Vertrauen wachsen kann.*

## 4.2 Standortbestimmung

*Was für ein Mensch sitzt mir gegenüber?*
Das wichtigste „Veränderungsinstrument" für Ihren Mentee ist er selbst mit seinen Möglichkeiten und Fähigkeiten, auch mit seinen Begrenzungen umzugehen. Ihn bei diesem Weg zu sich selbst zu unterstützen, wird eine Ihrer Aufgaben sein. Hören Sie genau hin:

- Was erzählt er von sich – und was eben nicht?
- Wie erzählt er – wann leuchten die Augen auf, und was bedeutet es für die erzählten Inhalte?

- Was löst seine Gegenwart bei mir selbst aus?
- Habe ich Beschützerimpulse oder bin ich zwischendurch gelangweilt?

Machen Sie sich selbst zum Messinstrument. Sammeln Sie ganz bewusst Ihre Beobachtungen und Wahrnehmungen, und überlegen Sie, ob, wie und wann Sie Ihrem Mentee ein Feedback geben. Sehr hilfreich ist es zum Beispiel, wenn Ihr Mentee von Schwierigkeiten im Kontakt mit Kollegen berichtet, und Sie anhand von gerade eben gemachten Verhaltensbeobachtungen den Mentee auf einen *„blinden Fleck"* in seiner Wahrnehmung hinweisen können, der im Kontakt mit diesem Kollegen eine entscheidende Rolle spielen könnte.

Benutzt der Mentee viele selbstabwertende Äußerungen? Dann weisen Sie den Mentee darauf hin und regen ihn an die biografische Bedingtheit dieses Selbstbildes zu erfassen (welche prägenden Erfahrungen haben ihn zu solcher Selbsteinschätzung gebracht?). Nicht bohren und analysieren, zum Nachdenken anregen! Dasselbe gilt ebenso für Äußerungen, die andere entwerten (Wozu braucht er das? Was steckt dahinter?), idealisieren oder kritisieren (welche Ansprüche an sich und andere werden unausgesprochen deutlich?).

*Alles, was in den Gesprächen mit Ihrem Mentee von ihm gesagt wird, wie es gesagt wird, was Ihr Mentee bei Ihnen an Reaktionen auslöst, all das ist wichtiges „Material", das Sie bewusst sammeln und wohlüberlegt wieder als Lernimpuls zur Verfügung stellen.*

*Entwicklungsphasen des Menschen*
Wenn man von Entwicklung spricht, meint man damit altersbezogene Veränderungen im Erleben und Verhalten eines Menschen, die von ihm selbst und seiner Umwelt als wichtig und positiv bewertet werden.

Noch vor wenigen Jahrzehnten war man überzeugt, menschliche Entwicklung finde im wesentlichen während Kindheit und Jugend statt, um schließlich dann im Alter noch einmal klar wahrnehmbare Phasen zu durchlaufen, die gekennzeichnet sind von Fähigkeitsverlust, Einschränkung und Begrenzung. Die meisten von uns haben mehr oder minder bewusst die Vorstellung von aufeinander folgenden *Reifungsphasen* mit jeweils alterstypischen Anforderungen.

Andere Forscher sprechen von *Entwicklungsaufgaben* oder *psychologischen Erlebnisphasen*, und sie sehen zum Beispiel für unseren Mentee im frühen Erwachsenenalter vor, dass er sich über seine *„spezifische Lebensbestimmung"* klar wird, dass er die Entwicklungsaufgabe der Partnerwahl und Familiengründung löst und eine berufliche Karriere beginnt.

Bei dieser Vorstellung von menschlicher Entwicklung scheinen alle Menschen einem universellen Organismus zu gleichen, der wie ein Stück Obst im Gewächshaus gesetzesmäßig aufeinanderfolgende Reifungsstadien durchlebt. Aber was ist – um im Bild zu bleiben – wenn der Obstbaum in freier Natur der Umwelt ausgesetzt ist? Welche Rolle spielt für die menschliche Entwicklung die gesellschaftliche Umgebung? Im Blickwinkel dieser *„Sozialisationstheorien"* soll es für den Mentee im frühen Erwachsenenalter darum gehen, neue soziale Rollen zu erlernen, die sich aus den Erwartungen seiner Umwelt an Menschen seines Alters ergeben: „Du bist jetzt 25, such dir eine Frau und baue deine Karriere auf, das steht jetzt an!"

***Kritik an der Normalbiografie***

Die oben grob skizzierten Modelle gelten heute als nicht mehr ausreichende Erklärungsraster für das, was passiert, wenn Menschen älter werden. Die Gründe dafür liegen in der zunehmenden Individualisierung von Biografien sowie sich immer rascher verändernden Umweltbedingungen. Entwicklungsprozesse im Erwachsenenalter werden inzwischen als ständige Wechselwirkung zwischen der sich selbst verändernden Person und einer sich ebenfalls permanent verändernden Umwelt gesehen.

Nachfolgende Aussagen geben den Stand der Erkenntnisse wieder:

Der Abschied von schablonenartigen Phasenmodellen, auch der Entwicklungsprozess des Menschen ist komplizierter geworden.

1. Entwicklung ist ein lebenslanger Prozess.
   Er beschränkt sich nicht auf bestimmte, zeitlich klar abgegrenzte Phasen wie zum Beispiel Kindheit und Jugend.
2. Es gibt keinen allgemeingültigen Prozess.

3. Die Menschen unterscheiden sich je nach Kultur, Geschlecht, sozialer Herkunft, körperlichen Gegebenheiten, unmittelbaren Lebensumständen und biografischem Hintergrund so stark voneinander, dass es unzählige verschiedene Entwicklungswege gibt.
4. Menschen sind als Erwachsene noch weit stärker veränderbar, also entwicklungsfähig, als früher angenommen.
5. Entwicklung findet in unterschiedlichen emotionalen Dimensionen oder auch Lebenszusammenhängen statt, die aufeinander durchaus Einfluss nehmen können (wie verändert sich das Führungsverhalten nach Erlernen der Mutterrolle oder Vaterrolle?).
6. Die verschiedenen Ichs der unterschiedlichen Lebenszusammenhänge können einander befruchten oder miteinander in Konflikt geraten; es gilt, die Welten in sich auszubalancieren.
7. Gesellschaftlich-historisch prägende Ereignisse bilden je Generation ganz spezielle Entwicklungsbedingungen. Vergegenwärtigen Sie sich zum Beispiel, dass Ihr Mentee gerade mal 12 Jahre alt war, als die Berliner Mauer fiel, während Sie auf der Rückfahrt von einer Dienstreise davon erfuhren.
8. Individuell bedeutsame Lebensereignisse (zum Beispiel Tod eines Elternteils, Umzug aus einer anderen Kultur) schaffen altersunabhängige Entwicklungsaufgaben.
9. Unabhängig von zeitlich vorgegebenen Rastern kann man von *zentralen Entwicklungsaufgaben* ausgehen, die jeder Mensch früher oder später bewäl-

tigen muss: Das Entwickeln von tragfähigen sozialen Beziehungen, das Bewältigen von Übergängen (wie Ablösung von der Herkunftsfamilie ), Lebensereignissen und Krisen (Kapitel 6), zielbezogenes Handeln entwickeln, Übernehmen von Verantwortung, zunächst und vor allem für eigenes Handeln, sich einlassen und sich abgrenzen können, eine realistische Einschätzung eigener Fähigkeiten und Grenzen erwerben, körperliche Identität und – wesentlich – (berufliche) Identität entwickeln, wegen der Bedeutung in unserem Zusammenhang siehe ausführlicher dazu unten.

*Ihre Aufgabe als Mentor besteht auch darin, die bisherige Entwicklung des Mentee unter all den oben genannten Aspekten nachzuvollziehen und bewusst zu machen, welche Entwicklungsschritte für gerade diesen Mentee zu diesem Zeitpunkt anstehen. Sein Alter gibt dafür nur einen klischeehaft-groben Rahmen.*

### *Entwicklung der beruflichen Identität*

Die Wahl des Berufes kann ein Entscheidungsprozess sein, der sich über viele Jahre hinzieht. Sie ist neben der Entscheidung für einen Lebenspartner die folgenreichste. Mit dem Beruf wählen wir eine bestimmte Lebensform, er verleiht uns Status und Identität bis in das Privatleben hinein. Er bietet das wichtigste Lernfeld zum Erwerb von Kompetenzen wie zum Beispiel Fähigkeit zur Selbstorganisation, Umgang mit Macht oder mit Konflikten.

Wegen immer anspruchsvoller werdender Ausbildungsgänge findet der Übergang von der Ausbildungs- zur Berufsphase immer später statt. Unsere Väter sind vielleicht noch mit 14 aus der Schule in den Lehrberuf gewechselt.
Heute ist ein 33-Jähriger promovierter Berufseinsteiger in einer großen Organisation durchaus denkbar. Wegen zunehmender Technisierung der Berufswelt verändern sich Berufsbilder, manche verschwinden ganz. Das wesentliche Lernziel beim Erlernen eines Berufes wird zunehmend sein, auch die Flexibilität zu erwerben, die berufsspezifischen Fähigkeiten so verallgemeinern zu können, dass sie auch auf verwandte Berufsfelder passen können. Der Trend zur Spezialisierung, auf einem einzigen Gebiet Meister zu werden, scheint zugunsten des *Generalisten* rückläufig zu sein.

„Eignungstest machen und aus dem Ergebnis den dazugehörigen Beruf ablesen" das genügt nicht. Die Ausübung eines Berufes prägt den Menschen über die Jahrzehnte, gleichzeitig gestaltet der einzelne mit seiner Persönlichkeitsstruktur seinen Arbeitsplatz und seine Berufsrolle individuell aus, und das eine hat Auswirkungen auf das andere. Wie schon oben skizziert: Bei Entwicklungsprozessen allgemein verzichten moderne Forscher bei der Entwicklung der beruflichen Identität auf festgelegte typische Verläufe oder Phasen. Man betrachtet die unterschiedlichen Einflussfaktoren und gewichtet deren Bedeutung:

- Herkunft / Familie
- Schule, Taschengeldjobs, besuchte Vereine

- Berufsvorbilder in der Erwachsenenwelt des Kindes
- jetzige Berufsvorbilder des Erwachsenen
- Umweltgegebenheiten wie ökonomische Bedingungen, Sozial- und Bildungspolitik, technologischer Fortschritt, Arbeitsmarktsituation usw.

In der Arbeit mit seinem Mentee könnten sich für den Mentor beispielsweise folgende Fragestellungen ergeben: „Will mein Mentee vielleicht deshalb nicht in die Rechtsabteilung wechseln, weil sein Vater als Richter in einer Kleinstadt für ihn ein abschreckendes Modell beruflicher Identität war? Welchen Einfluss haben noch heute die hohen ethischen Ansprüche des Pfarrers, der die edelste Aufgabe darin sah, sich für andere Menschen aufzuopfern? Welche beruflichen Alternativen erlaubt sich mein Mentee gar nicht erst zu denken, weil er den Weg dorthin für nicht finanzierbar hält?“

*Der Mentor hilft dem Mentee, seine eigene berufliche Identität vor dem Hintergrund seiner biografisch-bedingten Berufsmotivation zu entwickeln. Er ist Modell und Berater gleichermaßen.*

## 4.3 Themen der gemeinsamen Arbeit

Finden Sie heraus, welche Themen Ihren Mentee beschäftigen, wobei er Ihre Unterstützung braucht. Dabei ist Ihr Hintergrundwissen über personale und berufliche Entwicklung gefragt. Diese erste Zielbestimmung kann sich während der gemeinsamen Arbeit durchaus noch verändern.

*Ziele im Verhalten während Ihrer Gespräche*
Im Gespräch mit Ihrem Mentee können sich durch das, was Sie im Kontakt mit ihm erleben ( siehe Kapitel 4.2) weitere Ziele ergeben. Auch wenn Ihr Mentee dieses vielleicht nicht ausdrücklich formuliert, Sie es aber sehr wohl sehen. Zum Beispiel fällt Ihnen auf, wie genau der Mentee seine Schwächen und Ängste beschreiben kann und dass er offenbar keinen Blick für seine Stärken entwickelt hat. Oder Sie hören gar selbstabwertende Formulierungen. Dann werden Sie miteinander verabreden, dass der Mentor besonders auf solche Sätze achten und den Mentee gleich darauf hinweisen möge.

Ein anderer Mentee ist vorstellbar, der sich reichlich forsch-selbstbewusst präsentiert und dem eine Konfrontation mit seinen vorschnellen Gewissheiten eine wichtige Korrektur wäre.

*Themen, die der Mentee mitbringt*
Nachfolgend liste ich eine Reihe möglicher Arbeitsthemen auf, die sich aus dem beruflichen Zusammenhang ergeben und die einen Mentee zu Beginn seiner beruflichen Laufbahn beschäftigen:

- War meine Entscheidung für diese Firma, diesen Berufsweg richtig ( z.B. Praxisschock)?
- Welche Anforderungen werden auf mich zukommen, und werde ich ihnen gewachsen sein?
- Wie könnte eine Karriere für mich in dieser Organisation aussehen?
- Wieweit muss ich mich anpassen, was werde ich

von mir aufgeben müssen?
- Wird sich eine Karriere mit anderen Lebensbereichen vertragen (Familie, Hobbies)?

**Themen aus der konkreten Arbeit:**
- Mit Herrn X oder Frau Y komme ich nicht klar.
- Wie verhalte ich mich, wenn ich in Konflikt zwischen meinem Tagesgeschäft und den Projektanforderungen gerate?
- Ich schaffe meine Arbeit nicht, es ist einfach zu viel.
- In den Arbeitssitzungen bringe ich neue Ideen ein, keiner geht drauf ein, später kommt Kollege X damit, und alle sind begeistert.
- Wenn ich meinen Gruppenleiter vertreten soll, werde ich nicht ernst genommen.
- Ich muss vor der Geschäftsleitung präsentieren und habe weiche Knie, wenn ich nur daran denke.
- Die Sticheleien von Frau Y nerven mich, wie kann ich ihr das so sagen, dass wir danach trotzdem noch gut zusammenarbeiten können?
- Meine Vorgesetzte hat mich schlechter beurteilt als ich mich selbst eingeschätzt hatte.

**Themen im Lebenszusammenhang:**
- Was bedeutet für mich Erfolg, was bin ich bereit, dafür zu tun oder aufzugeben?
- Welche Werte sind mir wichtig, wo und wie kann ich sie leben?
- Mein Partner will aus Karrieregründen umziehen, wie entscheide ich mich jetzt?

- Will ich Familie? Wird ein Kind sich mit dem Beruf vereinbaren lassen?

*Konflikte mit dem Vorgesetzten des Mentee*
Auf dieses Thema gehe ich im folgenden Kapitel unter 5.2 näher ein.

*Themen, die von Ihnen selbst kommen*
Veränderungsziele, die Sie selbst als Bedarf erkannt haben und die sich auf das Verhalten des Mentee Ihnen gegenüber beziehen, habe ich schon beispielhaft in Kapitel 4.2 benannt. Darüber hinaus werden Sie selbst Lernangebote machen:

- Sie erzählen, wie Sie selbst damals Ihre Projektideen in der Organisation durchgesetzt hatten, was Sie übersehen hatten und selbst schmerzlich lernen mussten,
- was Strategie und politisches Denken bedeutet,
- dass ein Organigramm nicht unbedingt die wahren Machtverhältnisse widerspiegeln muss.
- Sie „plaudern aus dem Nähkästchen", wenn Sie erprobte Selbstmanagementtechniken, nützliche Quellen fachlichen Hintergrundwissens oder Ihr Erfahrungswissen weitergeben, wie man zum Beispiel die Vorstandssekretärin für sich gewinnen kann.
- Sie verdeutlichen den Nutzen von hauseigenen und firmenübergreifenden Netzwerken.

Alle Aufzählungen sind selbstverständlich unvollständig und beispielhaft.

*Ziele hierarchisieren und operationalisieren*
Sie werden sich nicht mit allgemeinen Schlagworten wie „Karriere machen" zufrieden geben bei der Zielformulierung, sondern präzise herausarbeiten, welche konkreten Vorstellungen der Mentee damit verbindet, so dass Teilziele entstehen, die zeitlich und von der Bedeutung her gewichtet werden können.

Bei alledem verlieren Sie nicht aus dem Auge, bereits vorhandene Fähigkeiten und emotionale und soziale Ressourcen zu erfragen oder bewusst zu machen.

***Die Zielsetzungen Ihrer gemeinsamen Gespräche ergeben sich vor allem aus dem, was der Mentee an Themen mitbringt. Darüber hinaus bieten Sie Wissensbereiche an, von denen der Mentee Ihrer Meinung nach Nutzen haben wird.***
***Ihnen ist auch bewusst, welche Art der Ansprache der Mentee zur Entwicklung eines angemessenen Sozialverhaltens momentan benötigt.***

# 5. Lernen, Reifung und Krisen

Nun kommen wir zum Eigentlichen: Ihr Mentee möchte sich verändern, Neues dazu lernen, Altes verlernen. Unser Wissen über Lernen beziehen wir aus der Kindheit und Jugend, schließlich sind wir alle mal zur Schule gegangen... aber reicht das aus?

## 5. 1 Wege des Lernens

*Lernen durch Einüben*
In der Schule haben wir zunächst gelernt, Sachverhalte auswendig zu lernen. Durch ständiges Wiederholen werden in unserem Großhirn bestimmte Nervenbahnen sozusagen eingeschliffen, auf Knopfdruck können wir Gedichte, Vokabeln, mathematische Formeln usw. „herunterbeten".

Diese einfache Form von Lernen durch ständige Wiederholung spielt auch im späteren Leben immer noch eine Rolle. Bestimmte Fertigkeiten, Abläufe, Handgriffe muss Ihr Mentee sich regelrecht einpauken. Dabei können Sie kaum helfen.

*Lernen von anderen*
An Ihrem Vorbild lernt der Mentee, besonders wenn es um komplexe soziale Situationen geht. Unser Sozialverhalten formt sich aus, indem wir unsere Umgebung beobachten und uns von diesem oder jenem „eine Scheibe abschneiden", Modelllernen wird dieser Vorgang genannt. Für Sie als Mentor bedeutet das, Ihrem Mentee Gelegenheit zu geben, Sie bei verschiedenen Tätigkeiten zu erleben und zu beobachten; zum Bei-

spiel wenn Sie verhandeln, eine Besprechung durchführen, Projektideen präsentieren und so fort.

*Lernen durch Erfahrung und Erleben*

Die oben beschriebenen Lernmechanismen erklären noch nicht, wie persönliche Reifung und Wachstum geschieht. Der Mensch ist ein komplex denkendes und fühlendes Wesen. Um am Leben zu reifen, genügen Wiederholung und Imitation nicht.

Wir müssen das Leben mit den vielfältigen Erlebnissen an uns heranlassen, uns innerlich berühren lassen ( siehe dazu Grafik Seite 60). In gewisser Weise betreten wir dann Neuland, lassen uns auf eine Situation ein, in der unser routinemäßiges Reagieren uns nicht mehr weiterhilft. Wir stutzen vielleicht oder sind sehr überrascht; auch zum Beispiel in der heftigen Bestürzung oder sogar dem Gefühl des Verletztseins liegt die Chance zur personalen Entwicklung. Diese mehr oder weniger tiefen Abstürze der Persönlichkeit (personale Regression) bringen uns weiter, wenn wir aus ihnen lernen.

Je nachdem, wie intensiv die durch das Erlebnis ausgelösten Gefühle sind, „berappeln“ wir uns nach einer Zeit wieder, wir gewinnen eine Distanz zu dem Erlebten. Die nun zurückgekehrte Nüchternheit ermöglicht uns, das eben Erlebte zu analysieren, zu bewerten, zu vergleichen:

„Was ist mir da wiederfahren?“
„Was hat das zu bedeuten?“
„Woher kenne ich etwas Vergleichbares?“

„Welche Konsequenzen ziehe ich?"
„Was tue ich, wenn mir so etwas wieder passiert?"
und so fort.

Wir *emanzipieren* uns von der Problemsituation: Unsere Sichtweise von den Dingen, von uns selbst, oder von anderen, verändert sich ein wenig, wenn wir diese am eigenen Leib gemachten Erfahrungen für uns ausgewertet haben. Wir sind je nach Intensität und Bedeutung des Erlebten ein bisschen weniger naiv, weniger gutgläubig, oder auch selbstkritischer, oder vorurteilsfreier geworden. Um zu reifen, brauchen wir über die Jahre hinweg immer wieder Situationen, die uns erschüttern und die wir verarbeiten müssen.

Überlegen Sie als Mentor auch, ob Ihrem Mentee vielleicht sogar mal eine Niederlage „guttun" würde ( siehe auch Kapitel 4.2 „Standortbestimmung"), welche Art von Erfahrung für seinen Reifungsprozess sinnvoll wäre. Und Sie führen dann eine Konfrontation herbei, an der Ihr Mentee lernen und reifen kann.

Vor dem Hintergrund des Wissens um Reifungsprozesse bleibt der Slogan von der „Krise als Chance" nicht mehr leere Worthülse. Der Mentor begleitet seinen Mentee bei den unanggenehmen Gefühlen, die eine erlebte Niederlage auslösen, hin zum nüchternen Abstand zum Erlebten, aus dem heraus eine Neuorientierung, Umbewertung oder einfach ein Dazulernen möglich wird.

**Lernen durch Erfahrung und Erleben©** © ann junk

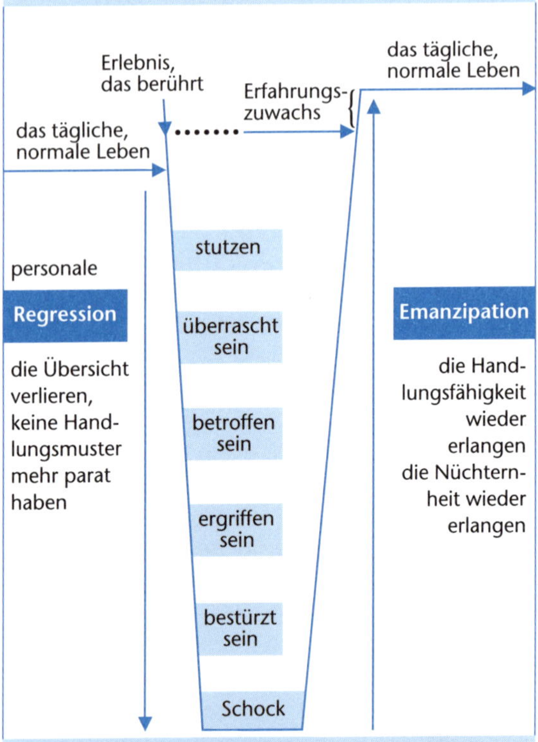


**Unterschiedliche Wege, Erlebnisse zu verarbeiten:**

1. Das Selbstbild wird korrigiert
2. Das Verhaltensrepertoire wird erweitert, angepasst
3. Die Bedeutung des Geschehens wird umbewertet

**keine Reifung:**

Das Erlebte wird so interpretiert, dass es in meine Vorstellung von der Welt und mir selbst reinpasst.

*Ihr Mentee wird einiges – wie in der Schule – auswendig lernen müssen, manches wird er sich von Ihnen als Modell abgucken.*
*Erfahrungen, die ihm nahe gehen und ihn mehr oder minder stark aus dem Takt bringen, bieten ihm die Chance, durch sachliche Aufarbeitung des Erlebten zu wachsen. Die so gewonnenen Erfahrungszuwächse nennen wir in der Summe „Reifung".*

## 5. 2 Krisen im Beratungsprozess

*Was ist das, eine Krise?*
In der Psychologie bezeichnet man mit Krise eine Lebensphase, in der ein Mensch Veränderungen in seiner Lebensumwelt zu bewältigen hat, für die ihm zunächst keine Handlungsmuster zur Verfügung stehen.

Dabei werden Krisen unterschieden, von denen nahezu jeder entsprechend dem Lebensverlauf betroffen ist, bei Übergängen von einer Rolle in eine neue: Mutter oder Vater werden, vom Studenten zum Trainee, vom Erwerbstätigen zum Rentner. Darüber hinaus gibt es Lebenskrisen, die jemanden unverhofft treffen können, wie der Tod des Lebenspartners, Trennung vom Partner, Krankheit, eine unerwünschte Schwangerschaft, eine überraschende Beförderung. Gemeinsam ist all diesen Situationen, dass unter ihrem Einfluss entscheidende personale Entwicklungen vollzogen werden, sofern die Krise erfolgreich gemeistert wird. Der Betroffene hat erhebliche Anforderungen und Belastungen auszuhalten, muss Anstrengungen unternehmen, sich der veränderten Lebenssituation anzupassen und handlungsfähig zu bleiben oder wieder zu werden.

Manche dieser „privaten“ Krisen werden Sie als Mentor zu begleiten haben, obgleich berufliche Themen sicherlich im Vordergrund stehen werden. Wenn Ihr Mentee gerade seine Ausbildung abgeschlossen hat, unterstützen Sie ihn bei diesem Übergang von einer Lebenswelt in eine andere. Als „Praxisschock“ ist diese Krisensituation in den allgemeinen Sprachgebrauch eingegangen. Bei solchen Übergängen beratend zur Seite zu stehen, ist eine wesentliche Funktion Ihrer Arbeit als Mentor.

Auch im Laufe Ihrer Arbeit mit dem Mentee können Krisen auftreten. Ihre Bewältigung bietet eine Entwicklungschance nicht nur für Ihren Mentee sondern auch für Sie selbst (siehe dazu Kapitel 6.2).

***Was deutet auf eine Störung hin?***

Woran werden Sie im Beratungsprozess merken, dass „etwas nicht mehr stimmt“, sich gegenüber dem bisherigen Verlauf verändert hat? Hier eine Reihe von „Symptomen“, die Sie beachten sollten:

**Störungen beim Mentee:**

- Der Mentee vergisst Verabredungen.
- Der Mentee findet keine Zeit mehr für Termine mit Ihnen.
- Der Mentee kommt immer öfter unvorbereitet.

- Der Mentee zeigt keine Eigeninitiative mehr.
- Der Mentee zeigt wachsende Vorbehalte gegen alles, was von Ihnen kommt, gern eingeleitet mit „ja, aber…"
- Der Mentee reagiert in Bezug auf Sie emotional unangemessen.
- Der Mentee bringt häufiger kleine Geschenke mit, macht Ihnen Komplimente.
- Die Atmosphäre zwischen Ihnen hat sich verändert.

*Wie Sie mit diesen „kleinen Krisen" umgehen*
Bei den ersten fünf Punkten, die auf einen Motivationsverlust des Mentee deuten, vergegenwärtigen Sie sich noch einmal den bisherigen Verlauf der gemeinsamen Arbeit und versuchen, den Prozess durch die Brille Ihres Mentee zu sehen.

In dem folgenden Treffen können Sie dann Ihren Wunsch nach einer Zwischenbilanz formulieren, dass Sie wissen wollen, wie Ihr Mentee die Gespräche mit Ihnen erlebt, wie wohl er sich mit Ihnen fühlt. Sie laden ihn dazu ein, die gemeinsame Arbeitsebene zu verlassen und nur die Beziehung zwischen Ihnen beiden zu betrachten (siehe dazu auch das 4-R-Modell in Kapitel 4.1, das dieses Vorgehen routinemäßig nach jeder Arbeitssitzung vorsieht ). Bitten Sie ihn ausdrücklich, er möge auch Kritisches äußern. Hören Sie nur aufmerksam zu und fangen Sie nicht gleich an, sich zu rechtfertigen oder zu erklären. Hören Sie die Wünsche heraus, die der Mentee an Sie hat, und prüfen Sie für sich, ob Sie sie erfüllen wollen oder können. Vielleicht gelingt es Ihnen gemeinsam, Veränderungen in der Art der Zusammenarbeit zu verabreden.

Es kann natürlich sein, dass die schwindende Motivation nichts mit Ihnen als Mentor zu tun hat, sondern auf äußere Ursachen zurück zu führen ist. Prüfen Sie, ob Sie noch etwas für den Mentee tun können, um dann einen Punkt zu machen – oder vielleicht besser: Ein Semikolon unter die bisherige Arbeit zu setzen, also die Tür nicht zuschlagen. (siehe dazu auch Kapitel 6.1).
Wenn negative Spannungen zwischen Ihnen beiden spürbar werden, und Sie diese nicht auflösen können, holen Sie sich Unterstützung, sei es in einer von Ihrer Organisation angebotenen oder von einer externen Beratung (siehe dazu Kapitel 6.3).

*Störungen mit dem beruflichen Umfeld*
Wenn es um Schwierigkeiten im Verhältnis von Ihrem Mentee und dessen Vorgesetzten geht, kann es heikel werden, besonders, wenn Sie beide in derselben Organisation arbeiten. Bei aller Parteilichkeit für Ihren Mentee ist ebenso Ihre Loyalität zum Unternehmen und seinen hierarchischen Strukturen gefragt. Wenn Sie sich zum Verbündeten des Mentee gegen dessen Vorgesetzten machen lassen, droht am Ende dieser gefährlichen Konstellation ein Machtkampf mit dem Risiko, dass jemand auf der Strecke bleibt.

Folgende Möglichkeiten bleiben Ihnen jetzt:
- Sie beschränken sich in solchen Fällen darauf, Ihren Mentee zu ermutigen, konkrete Probleme mit dem Vorgesetzten selbst zu klären.

- Sie beziehen die hauseigene Personalentwicklung als neutrale Instanz oder jemanden, der das Mentoring-Projekt koordiniert, mit ein.
- Sie holen sich Rat (siehe Kapitel 6.3).
- Sie bieten dem Vorgesetzten ein Gespräch zu Dritt an.

Selbst wenn Mentee und Vorgesetzter nicht in derselben Firma arbeiten, erliegen Sie bitte nicht der Versuchung, zur heimlichen besseren Führungskraft für den Mentee zu werden, also in eine Konkurrenz zu seinem Vorgesetzten zu treten. Wenn Sie den Mentee darin unterstützen, auch die Sichtweise seines Vorgesetzten einnehmen zu können, haben Sie Wesentliches für eine Konfliktbewältigung getan. Es könnte zum Beispiel durchaus sein, dass bei dem Vorgesetzten des Mentee eine Sorge dahintersteckt, Sie könnten ihm seinen guten Mitarbeiter abwerben.

***Eine wesentliche Mentorenaufgabe ist die Begleitung des Mentee beim Übergang in eine neue Lebenssituation. Beim Beratungsprozess selbst können Störungen auftreten: beispielsweise die nachlassende Motivation des Mentee, oder die Beziehung zwischen Mentor und Mentee selbst. Tauchen hierbei Schwierigkeiten auf, holt sich der Mentor seinerseits professionelle Unterstützung.***
***Besondere Aufmerksamkeit ist für den Mentor geboten, sich nicht in Konflikte zwischen dem Mentee und seinem Vorgesetzten hineinziehen zu lassen.***

# 6. Blick zurück: Gesamtbewertung

Eine gemeinsame Wegstrecke mit Ihrem Mentee liegt hinter Ihnen. Sie haben ihn in verschiedenen Situationen erlebt, bei unterschiedlichen Themen begleitet. Er ist Ihnen ans Herz gewachsen. Und die Beziehung zueinander hat sich über die Zeit verändert.

## 6.1 Abschied nehmen?

### *Eine Phase geht zuende*

Die Begleitung Ihres Mentee fand im Rahmen eines Mentoringprogrammes Ihrer Organisation statt? Dann haben Sie einen festen Zeitrahmen für die gemeinsame Arbeit und damit auch ein ungefähres Ende eben dieser gemeinsamen Zeit.

Auch ohne organisatorische Einbindung haben Sie wahrscheinlich im Rahmen der Absprachen mit Ihrem Mentee zu Beginn (Kapitel 3.1) schon gemeinsam einen Zeitpunkt für das Ende der Arbeit ins Auge gefasst, nämlich einen bestimmten Termin oder aber dann, wenn Sie gemeinsam bestimmte Ziele erreicht haben. Auf jeden Fall wird sich Ihre Beziehung zueinander allmählich verändert haben. Sie haben eine Weile gemeinsamer Erfahrungen hinter sich, Sie sind im Umgang miteinander sicherer geworden, der Umgangston wurde mehr freundschaftlich-kollegial. Auch ohne ein fest vereinbartes Ende spüren beide, dass diese besondere Art der gemeinsamen Arbeit allmählich dem Ende zugeht, und dass es an der Zeit ist, einen gemeinsamen Rückblick, eine Art Auswertung vorzunehmen.

- Sind die ursprünglich vereinbarten Ziele erreicht?
- Wie zufrieden ist der Mentee mit dem, was erreicht wurde?
- Spielten die ursprünglichen Vereinbarungen während der Arbeit überhaupt eine Rolle, wenn ja, welche?
- Wurde statt dessen anderes wichtig? Und was?
- Welche Fertigkeiten und welche Kenntnisse hat der Mentee während der Zeit erworben?
- Was ist noch zu lernen, zu bearbeiten?
- Wie will der Mentee das anpacken, welche Unterstützung braucht er noch?
- Wie hat sich die Beziehung zwischen Mentor und Mentee entwickelt? Was blieb bisher unausgesprochen?

*Sonderfall Abbruch*

In seltenen Fällen kann es auch vorkommen, dass einer der beiden die gemeinsame Arbeit gern abbrechen möchte. Sie hatten zu Beginn für diesen Fall Vereinbarungen getroffen: Zum Beispiel, sich auf jeden Fall noch ein letztes Mal zu treffen, um auf den gemeinsamen Arbeitsprozess zu schauen, auch oder sogar vor allem auf die emotionale Ebene, besonders natürlich unter der Optik, Gründe für einen Abbruch zu identifizieren. Auf keinen Fall darf auf beiden Seiten eine negative Bewertung (wie etwa das Gefühl des „Versagthabens") bleiben. Hinzulernen können beide auch an einem nicht beendeten Beratungsprozess (siehe auch dazu Kapitel 6.3).

***Wie geht es weiter mit uns beiden?***

Wahrscheinlich sind Sie beide über die Zeit ein gutes Team geworden, das gegenseitige Vertrauen ist gewachsen, Sie haben sogar freundschaftliche Gefühle? Nichts hält Sie davon ab, den Kontakt zu Ihrem Mentee zu halten. Sie können sich doch jederzeit nach Bedarf treffen, und auch zwischendurch, wenn der Mentor seinen ehemaligen Mentee als Gesprächspartner braucht.

Hat Ihr Mentee noch weiteren Beratungsbedarf? Vielleicht bietet es sich an, ihn an einen anderen Mentor weiterzuempfehlen, und Sie bleiben Ihrem Mentee kollegial-freundschaftlich im nicht formalisierten Kontakt verbunden.

*Die Mentorschaft endet mit einem gemeinsamen Auswertungsgespräch und geht dann in einen nicht formalisierten freundschaftlich-kollegialen Kontakt über.*

## 6.2 Der Nutzen für den Mentor

***Der unmittelbare Gewinn aus der Arbeit***

Wenn Sie dieses Buch bis hierher gelesen haben, mag das Ehrenamt der Mentorschaft Ihnen vielleicht aufwendig oder von der geforderten Kompetenz her anspruchsvoll erscheinen. Sicher, Sie geben viel. In Kapitel 1.2 versprach ich Ihnen, dass Sie selbst einiges lernen werden in Ihrer Rolle als Mentor. Wenn Sie dann gegen Ende des Beratungsprozesses Bilanz ziehen, wird Ihnen bewusst werden, dass Sie auch viel zurückerhalten haben.

- Sie haben einen sehr genauen Einblick in eine Ihnen vorher unbekannte berufliche Umwelt erhalten.
- Ihr Mentee hat Sie teilhaben lassen an seinen Sorgen, Wünschen, Vorstellungen vom Leben. So sind Sie mit dem Denken der nächstfolgenden Generation in Kontakt getreten. Ein Gewinn für das Zusammenarbeiten und -leben der Generationen, ganz besonders, wenn Sie keine Kinder haben.
- Die beruflichen Fragestellungen, die Ihren Mentee beschäftigt haben, waren vor einigen Jahren auch die Ihrigen, gute Gelegenheiten, für sich selbst nochmals die eigene Entwicklung der beruflichen Identität zu reflektieren.
- Beim „Plaudern aus dem Nähkästchen" wurde Ihnen bewusst, welche Kompetenzfülle Sie über die Jahre erworben haben.
- Ihr Mentee ist jung, und Sie haben an seinen Lebensträumen und -zielen teilgenommen, eine gute Anregung, selbst auf die eigene Biografie zurückzublicken: Wovon wollen/müssen Sie sich verabschieden, was wollen Sie jetzt endlich realisieren?
- Als Berater geben Sie immer auch Ihre Werte weiter, eine Chance, dass sich Ihr Mentee an Ihrer Arbeitsethik orientiert, und Sie damit etwas Ihnen Wichtiges an die nächste Generation weitergeben können.
- Haben Sie Ihren Mentee mal gebeten zu erzählen, wie er Ihren Vortrag oder eine Präsentation erlebt hat? Je höher Sie in der Hierarchie eines Unternehmens stehen, umso „einsamer" werden Sie, umso weniger erhalten Sie ehrliche Rückmeldungen.
- Wenn mit Ihrem Mentee im Laufe der Zeit eine gute

Arbeitsbeziehung entstanden ist, so haben Sie die Zeit genutzt, ihm auch mal eigene Projektideen, Pläne, Strategieentwürfe vorgestellt, um ein unbefangenes Echo zu hören, bevor Sie an die Unternehmensöffentlichkeit treten.

- Ihr persönliches Netzwerk ist um diesen Menschen größer geworden. Wer weiß, wann Ihr Mentee etwas für Sie tun kann.
- Haben Sie Kinder? Vielleicht sehen Sie jetzt das Konfliktpotenzial mit ihnen in einem ganz neuen Licht.

*Gewachsene Beratungskompetenz*

Vielleicht sind Sie manchmal auch mit Ihren eigenen Schattenseiten konfrontiert worden? Neid, der angesichts der guten Ausgangsbedingungen für Ihren Mentee schleichend hochkriecht, wo Sie es doch selbst so hart hatten? Oder Ihre Eitelkeit, die die Bewunderung des Unerfahrenen für den „alten Hasen“ sehr genossen hat? Diese Seite an sich selbst wahrzunehmen, sie sich zu verzeihen und sie so zu meistern, dass sie Ihrem Mentee nicht schadet, hat Sie zum besseren Berater gemacht.

Oder gab es Momente in Ihrer Beratungsarbeit, in denen Sie Ihren Mentee nur schlecht so akzeptieren konnten, wie er ist? Sie wollten mehr für ihn erreichen als dieser für sich selbst wollte? In der Bearbeitung solcher Fragen haben Sie viel über sich selbst gelernt, nämlich über Ihre Ungeduld. Sie haben gelernt, genau hinzusehen, zu unterscheiden, was Ihre eigenen Wünsche sind und welche Rolle Ihr Mentee dabei spielt.

Sie haben gelernt, sich von ihm abzugrenzen. Bei aller Verbundenheit, die über die gemeinsame Zeit entstanden sein mag, ist Ihnen Ihre Rolle sehr deutlich geworden:
Sie lassen Ihren Mentee an Ihrer Lebenserfahrung teilhaben, Sie beratschlagen gemeinsam, wie er sich in kritischen Situationen verhalten kann. Sie halten auch Ihre eigene Meinung nicht zurück. Aber: Ob und wie der Mentee Ihre angebotenen Lösungsvorschläge umsetzt, liegt in *seiner Verantwortung*. Sie sind nicht der Vater einer fünfjährigen Tochter, sondern beraten einen Erwachsenen! Ihre Unterstützung liegt für den Mentee darin, dass er Sie solidarisch hinter sich weiß, ganz gleich, wie er sich entscheidet, ganz gleich, welche Konsequenzen daraus erwachsen sollten. Wenn Sie sich nicht in dieser Weise von Ihrem Mentee abgrenzen können, erziehen Sie sich einen unselbständigen, abhängigen Menschen, der bald keinen Schritt mehr ohne vorherige Konsultation seines Mentors tut. Dann folgt früher oder später trotziges Aufbegehren gegen den scheinbar allwissenden Mentor. Diese Klarheit über die Grenzen Ihrer Verantwortung zu gewinnen, entlastet und befreit gleichermaßen.

### *Gewinn für das berufliche Umfeld*

Waren Sie eingebunden in ein organisationsweites oder -übergreifendes Mentoring-Programm? Dann hat Ihre Personalentwicklung eine Möglichkeit gefunden, preisgünstig und wirksam Nachwuchsentwicklung zu betreiben und Ihr Berufswissen nicht mit Ihrer Pensionierung für immer verloren gehen zu lassen.

Darüber hinaus haben Sie – sofern Ihr Mentee innerhalb derselben Organisation tätig ist – einen Schritt in Richtung Organisationsentwicklung gemacht: Durch bessere Kenntnis der Arbeitsumgebung, der Abteilung Ihres Mentee wird die Zusammenarbeit zwischen Ihrer und „seiner“ Abteilung verbessert.

Schaffen Sie sich – wenn es nicht angeboten werden sollte – ein Forum für den Austausch mit anderen Mentoren.

Auf die Art und Weise wird nicht nur ihr eigenes Netzwerk vergrößert! Der Austausch der Mentoren untereinander verbessert den abteilungs-übergreifenden Informationsfluss (siehe dazu auch Kapitel 6.3 ).

Sie haben Ihre Beraterkompetenz erhöht, Sie sind ein noch besserer Zuhörer geworden und somit ein noch klügerer Ratgeber. Davon profitiert nicht nur Ihr Mentee, sondern auch Ihr eigenes Team!

***Abschließend noch dies:***

Je stärker ein Mensch während seiner aktiven Jahre im Berufsleben durch komplexe Anforderungen gewissermaßen trainiert ist, umso lebendiger und leistungsfähiger wird er im Alter sein!

*Der Mentor kann aus der Beratungsarbeit mit seinem Mentee persönlichen sowie beruflichen Nutzen ziehen. Auch das betriebliche Umfeld des Mentors zieht aus dieser Arbeit Gewinn.*

## 6.3 Unterstützung für den Mentor

*Unterstützende Rahmenbedingungen*

Wenn Sie ohne organisatorische Unterstützung, also nicht eingebunden in ein Mentoring-Programm, arbeiten, müssen Sie sicherstellen, dass niemand in Ihrer Umgebung – vielleicht wegen Eifersucht oder Neid – Ihre Arbeit hintertreibt.

Sollte der Beratungsprozess innerhalb einer Organisation stattfinden, ist zu gewährleisten, dass die oberste Führungsebene diesen mit trägt. Schließlich bindet Mentoring Zeit und Geld. Meist versuchen die Initiatoren von Mentoring-Programmen daher, die oberste Führungsebene selbst als Mentoren zu gewinnen.

Mentoring-Programme in Organisationen werden hausintern von einem Mitarbeiter (meist aus der Personalentwicklung) koordiniert, der als Ansprechpartner für Fragen oder Schwierigkeiten zur Verfügung steht.

Manche Unternehmen führen Veranstaltungen durch, um das Mentoring-Programm publik zu machen. Das kann den in Kapitel 2.3 genannten möglichen Gerüchten vorbeugend begegnen.

Vor allem empfiehlt es sich, ein Auftaktseminar für die Mentoren anzubieten, damit sie Rollenklarheit gewinnen:

- Was wird an Zeitaufwand auf mich zukommen?
- Welche Erwartungen wird mein Mentee / das Unternehmen an mich haben?

- Mit welchen Themen werde ich konfrontiert werden?
- Muss ich noch spezielles „Handwerkszeug" erlernen, um eine Mentorschaft erfolgreich ausfüllen zu können?

Wie weiter oben ausgeführt kann es vorkommen, dass ein Mentor selbst Unterstützung benötigt. In diesen Fällen hat es sich bewährt, wenn ein externer Berater oder Coach zur Verfügung steht, mit dem anstehende Fragen besprochen werden können. Auch in einer sich regelmäßig treffenden Gruppe können Mentoren sich weiterhelfen lassen. Hier sollte ebenfalls ein externer Berater die Leitung übernehmen, damit auch heikle Problemstellungen bearbeitet werden können. Diese Gruppe kann die Keimzelle für ein Mentoren-Netzwerk werden, dessen Nutzen für das Unternehmen auf der Hand liegt.

Eine kreative und intensive Form der Unterstützung sei hier am Schluss erwähnt:

Im *Berufsverband Sekretariat und Büromanagement* bieten erfahrene Assistentinnen/Sekretärinnen für junge Nachwuchskolleginnen die Mentorschaft über einen vorher festgelegten Zeitraum an. Zusätzlich zu begleitenden und qualifizierenden Seminaren werden die Beratungsgespräche auf Band aufgezeichnet und so kontrolliert. So erfahren die Mentorinnen einen erheblichen Zuwachs an Beratungskompetenz. Der Verband verzeichnet dank des attraktiven Angebots einen verstärkten Mitgliederzuwachs.

*Vorraussetzungen für eine erfolgreiche Mentorschaft sind unterstützende Rahmenbedingungen und Beratungsressourcen, derer sich der Mentor bei Bedarf bedienen kann.*

## Über die Autorin

Die diplomierte Psychologin Ann Junk ist seit 16 Jahren freiberuflich tätige Beraterin, Coach und Trainerin für die Bereiche Führung und Zusammenarbeit, Mediatorin und Supervisorin (BDP). Sie verfügt über eigene Führungs- und Organisationserfahrung, z. B. als angestellte Führungskräftetrainerin eines internationalen Konzerns. Neben einem breiten therapeutischen Hintergrund hat sie weitere Zusatzausbildungen absolviert (Sozialmanagement, Organisationsentwicklung). Im interkulturellen Bereich hat sie der theoretischen Ausbildung das praktische eigene Erleben hinzugefügt mit ihrem Zweitwohnsitz in Frankreich.

*www.annjunk.de*

## Weiterführende Literatur


- Becker, Heinz: Gebündelte Kraft in Teams und Organisationen, München: Gerling Akademie-Verlag, 2002
- Bittner, Günther: Der Erwachsene, Stuttgart: Kohlhammer-Verlag, 2001
- Crisand/Crisand: Psychologie der Gesprächsführung, Heidelberg: Sauer-Verlag, 2000
- Faltermaier/Mayring/Saup/Strehmel: Entwicklungspsychologie des Erwachsenenalters, Stuttgart: Kohlhammer-Verlag, 2002
- Haasen, Nele: Mentoring, München: W. Heyne-Verlag, 2001
- Harris, Thomas A: Ich bin O.K., Du bist O.K., Hamburg: Rowohlt-Taschenbuchverlag, 2002
- Hilb, Martin: Management by Mentoring, Neuwied: Luchterhand, 1997
- Kaminski, Eva: 30 Minuten für mehr Erfolg durch coaching, Offenbach: Gabal-Verlag, 2001
- Oerter, Rolf/Montada, Leo (Hrsg): Entwicklungspsychologie, Weinheim: Beltz-Verlag, 2002
- Schulz von Thun, Friedemann: Miteinander reden, Band 1, 2 und 3, Hamburg: Rowohlt-Verlag, 2003
- Schmitz, Herrmann/Marx, Gabriele/Moldzio/Andrea: Begriffene Erfahrung, Beiträge zur antireduktionistischen Phänomenologie, Rostock: Ingo Koch Verlag, 2002
- Stroebe, Dr. Rainer W.: Führungsstile, Heidelberg: Sauer-Verlag, 2003

# Register

**Das bSb-Mentoring Programm –**
**Eine neue Herausforderung für die Zukunft!**

„Fit for the future" ist mehr als nur ein Schlagwort, denn: Beruflicher Erfolg ist planbar, insbesondere dann, wenn für die individuelle Karriere- und Lebensplanung eine erfahrene Mentorin einer Mentee zur Seite steht. Deshalb haben wir gemeinsam mit Ann Junk ein Mentoring-Programm entwickelt, dessen Ziel es ist, Mentorinnen konstruktiv zu schulen und gleichzeitig die gegenseitige Supervision zu fördern.

Mentoring ist die kontinuierliche begleitende Arbeit mit einer Person an deren beruflichen Entwicklung während einer neun Monate dauernden Tandem-Beziehung. Eine Mentorin ist nicht nur vertrauter Ansprechpartner, sondern fördert und unterstützt z. B. bei der Ausbildung von spezifischen Fähigkeiten sowie der systematischen Weiterentwicklung der Persönlichkeit in beruflicher und privater Hinsicht! Das bSb-Programm richtet sich vor allem an junge Frauen mit Führungspotenzial.

Monika Gunkel, 1. Vorsitzende des bSb, und Christine Schmidhuber, 2.Vorsitzende bSb, haben das Programm speziell für die Zielgruppe Office Professionals mit konzipiert, initiiert und erfolgreich eingeführt. Sie bilden weitere Mentorinnen aus. Ihnen obliegt die Projektleitung bundesweit.

**Interessiert?** Gerne erhalten Sie weitere Informationen vom Bundesverband Sekretariat und Büromanagement e.V.
Schlachte 12 – 13, 28195 Bremen,
Telefon (04 21) 36 77-277 u. -278, Telefax (04 21) 36 77-276
E-Mail: info@bSb-office.de, www.bSb-office.de